わたしはオオカミ

仲間と手をつなぎ、やりたいことをやり、なりたい自分になる

WOLFPACK
How to Come Together, Unleash Our Power, and Change the Game
by Abby Wambach

末娘のアマへ。
あなたの雄叫《おたけ》びを聞くと、勇敢になれる。
娘たちへ。
どんなときも、オオカミたちの愛と力を忘れずに生きていけますように。

わたしはオオカミ 目次

あなたへ――6
古いルールはいらない――10
ONE あなたはずっとオオカミだった――25
TWO 感謝して大志をいだく――35
THREE ベンチからのリーダーシップ――45

FOUR　失敗を燃料に――57

FIVE　互いのために戦う――67

SIX　ボールを要求する――75

SEVEN　すべてをさらけだす――85

EIGHT　自分の群れを見つける――93

ゲームを変えるとき――102

あなたへ

わたしは女性だから、この本も女性の視点で書かれている。だが、人との関わり方や生き方に男も女もない。

最近、リーダーシップについての講演を依頼され、その企業を訪れた際、ある男性からこう言われた。「アビー、悪いが、話す内容は男にも通用するものにしてもらいたい」

そのとき、わたしはこう答えた。「鋭いご指摘ですね！　男性の講演者にも女性に通用する内容かどうか確認しているのなら、ですが」

女性はずっと、男性の視点で語られた内容に自らを見出さねばならなかった。いま重要なのは、それをひっくり返し、女性の視点で語られた内容に自らを見出す機会を男性に与えることだと思う。

わたしは本書で〝女〟〝男〟〝少女〟〝少年〟といった言葉を使っているが、あまり好きな言葉ではない。なぜなら、性別《ジェンダー》は広く美しい領域であるべきだと、つねづね考えているからだ。

わたしの夢は、あらゆるジェンダーの人々が――ジェンダーの中間にいる人も、ジェンダーを超えている人も――本書のなかに自分を見つけてくれること。

そして、わたしの希望は、本書が〝人間〟にとって大きな一歩になることだ。

アビー（左）とアレックス・モーガン。
2011年FIFA女子ワールドカップで

古いルールはいらない

仮に、あなたが全国有数の一流女子大学の卒業式で祝辞を述べてほしいと頼まれたとする。もったいぶった式服を着て演壇で15分与えられ、数百人の優秀な女性たちに、

人生を豊かにするもの、

世界を美しくするもの、

それを両立させる方法について、

知っていることをすべて話すとしたら……。あなたは自分が信じていること

について、改めてじっくり考えるのではないだろうか？

そして、すっかり気おくれして、自分には荷が重いと感じるのでは？

びっしょり汗をかいて、大学を卒業すらしていない人間が祝辞を述べたりして本当にいいのだろうかと思うのでは？（この心配はわたしだけかもしれないが）

サッカーを引退してまもなく、わたしはラジオシティ・ミュージックホールで、バーナード大学の卒業生（126期生）のために祝辞を述べてほしいと依頼された。その招待状には、こんなふうに記されていた。

あなたのサッカーの才能には畏敬《いけい》の念をいだいていますが、男女平等や賃金格差や同性愛者の権利の問題への関わり方にも感動しています。人生の門《かど》出《で》ともいうべき瞬間に祝辞をちょうだいできれば、卒業生はきっと心をふるわせることでしょう。

わたしはソファにすわり、この文章を二度読み、それから、考えた。

オーケー。

わたしは、ただのアスリートとして話すことを求められているわけじゃない。活動家として、フェミニストとして、リーダーとして話すことを求められているのだ。

人生において、とても大切な瞬間を迎える人々のために。

プレッシャーは感じない。

招待状はこう続いた。

バーナード大学ではこれまで、バラク・オバマ[1]、ヒラリー・クリントン[2]、サマンサ・パワー[3]、シェリル・サンドバーグ[4]、セシル・リチャーズ[5]、メリル・ストリープ[6]といった方々が祝辞を述べています。

---

*1 バラク・オバマ：第44代アメリカ大統領。

*2 ヒラリー・クリントン：アメリカの政治家。女性初の大統

たいしたことじゃない、と自分に言い聞かせた。

引退後、わたしは有名アスリートとして、世界中を訪れて人々に話をしてきたのだから。私生活について、ピッチで過ごした時間について、優勝する方法について……。

わたしは、栄光に輝いたサッカーの金メダリストだ。オリンピックで二度の金メダルに輝き、国際サッカー連盟（ＦＩＦＡ）主催のワールドカップでも優勝した。

そして、サッカー史上において男女問わずどんな選手より、国際試合で多く得点[*7]した。

悪くない経歴だ。

だが、子どものころからサッカーでいちばん好きなのは、個人記録を打ち立てることではなく、勝つことですらなかった。

わたしが好きだったのは、チームとして勝ったり負けたりすること。

自分自身より大きな存在の一部になることが大好きだった。

領候補としてトランプと選挙で争った。

*3 サマンサ・パワー：ジャーナリスト。元米国連大使。

*4 シェリル・サンドバーグ：フェイスブック最高執行責任者。

*5 セシル・リチャーズ：女性の権利を擁護するアメリカの活動家。

*6 メリル・ストリープ：女優。アカデミー賞を三度受賞。

*7 どんな選手より国際試合で多く得点：通算１８４点。２０２０年、カナダのクリスティン・シンクレアが記録を更新。

喜びや苦しみ、失敗や成功を分かちあうことが大好きだった。

みんなで未知の結果を求めて夢中になるという魔法が大好きだった。

チームで仲よく食事をし、バスに乗り、ちょっと臭《にお》うロッカールームでいっしょにいるのが大好きだった。

何があろうとチームメートと互いを思いやり、競いあい、尊敬しあうのが大好きだった。

サッカーでいちばん好きだったのは、女性たちとチームメートになり、女性たちのリーダーになることだった。

女子サッカーアメリカ代表チームの共同キャプテン*として、わたしには23人のメンバー（全員が個々の才能でそこまで昇りつめた選手たち）をまとめ、一人ひとりを鼓舞《こぶ》し、チームに貢献するよう導く責任があった。チームメートに助けられ、強いだけではないチームができあがった。わたしたちは、ただ勝つのではなく、喜び、敬意、絆《きずな》、献身、連帯感をいだきながら勝利した。そして、サッカーのチャンピオンであると同時に、お互いを守る闘士《チャンピオン》になった。

*共同キャプテン：クリスティ・ランポーン、カーリー・ロイドとともにキャプテンをつとめた。

アメリカ代表チームの一員として過ごした時間は、わたしたち全員をたんなる勝者以上のものに変えた。わたしたちは互いを友人として、市民として、人間としてさらに成長させたのだ。

現役を引退して失った最大のものは、チームだった。共通の目標に向かって努力する女どうしにだけ生まれる絆が恋しかった。だが、ソファで招待状を見ているうちに、こんな思いが湧《わ》いてきた。

代表チームで過ごした時間が、もっと大きなゲームのための練習だったとしたら？

あのチームの雰囲気を、もっと多くの女性に伝える方法があるとしたら？

わたしにとっての新しいチームが、世界じゅうの女性チームだとしたら？

バーナード大学の女性たちは、大学生としてラジオシティ・ミュージックホールに入っていき、大人として出ていく。わたしは女子サッカー選手のリーダーのアビーとして入っていき、世界じゅうの女性のリーダーとして出ていくのだとしたら？

とても怖かったが、とにかくバーナード大学には承諾の返事をした。

その「イエス」は、卒業する女性たちに向けたものであると同時に、自分に向けたものでもあった。まだ見ぬ将来に足を踏みだし、自分をつくりなおし、社会で自分の道を探しはじめる——それは、バーナード大学の女子学生だけじゃない。わたしも同じだ。祝辞は、わたしにとっても〝門出〟となるだろう。

でも、まず原稿を書かなければ。

サッカーでは、どの試合でも、エネルギーが自分に流れこんでくると感じる瞬間がある。士気をあげるためであれ、勢いをつけるためであれ、ゴールを決めるためであれ、それを起こすのがわたしの役割だった。エネルギーの流れが変化するのを感じると、心のなかで自分にこう語りかけたものだ。

行くよ、アビー。あなたの出番だよ。

腰をおろして祝辞を述べる準備をしていたとき、わたしはまさに自分にそう語りかけていた。力を奮《ふる》いおこす声が必要だった。

わたしたちの国はまだ、女性のために、女性に向かって話すことが命がけであり、萎縮《いしゅく》してしまう時代にある。

以前からわかっていたことだが、アメリカはふたつに分かれていた。政府の上層部では、白人至上主義と女性蔑視《べっし》が正当化され、称賛された。平等な正義の広がりに対する反発は素早く、つらいものだった。

アメリカにはいまなお、ジェンダー、人種、性的指向、貧富、環境などについて古めかしい考え方があふれている。多くの人々が怒っている一方で、感覚が麻痺《まひ》しているひとたちもいる。そんな状況のもとで、本物の変化を起こすのはかなり難しそうだった。不可能にさえ感じられた。

でも〝不可能〟だと思ったらおしまいだ。大きな目標のために結束した女性のチームは、何度でも不可能を可能にできる――それが、わたしが人生で得た教訓だった。

バーナード大学の女子学生に伝えたかったのは、個性を発揮し、仲間で手をつなげば、状況は変えられるということだ。それをどう語ればいいか必死に考えているうちに、少しまえに目にしたTEDトーク＊を思い出した。イエローストーン国立公園のオオカミに関する、次のような話だ。

1995年、イエローストーン国立公園に、70年間いなかったオオカミが放《はな》たれた。賛否両論があったが、レンジャーたちは環境悪化が進むイエローストーンを再生させたい一心で、危険をおかしてでもこの作戦に賭けたのだった。

70年ものあいだ敵がいなかったことで、この公園ではシカが食物連鎖の最上位に君臨《くんりん》し、急増していた。彼らは誰にもじゃまされることなく草をはみつづけ、その結果、ついに川岸が浸食されるまで草木が激減してしまっていた。

だが、オオカミがわずかに現れただけで、すぐに変化が起こりはじめた。

オオカミは予想どおりシカをしとめて減らしたが、それよりもっと重要だったのは、オオカミの存在によってシカの行動が大きく変わったことだった。シカは、オオカミに攻撃されやすい谷を避けはじめた。すると、そこにふたたび

＊TEDトーク：英国の活動家ジョージ・モンビオが2013年に行なったもの。「TED」「2013」「ジョージ・モンビオ」などで検索すれば、動画が見られる（日本語字幕付きもある）。

草木が茂りはじめた。樹木の高さは、わずか6年で5倍になった。ほどなく、鳥やビーバーが新たに住みはじめた。ビーバーが川にダムをつくると、カワウソやアヒルや魚の生息環境が整った。

オオカミが残す死肉を食べるために、カラスやハクトウワシも戻ってきた。ベリーが実りはじめたことで、クマも戻った。

それだけではない。なんと川まで変わった。植物が再生したことで、川の土手が安定して崩落《ほうらく》が止まった。おかげでまた、川がとどこおることなく流れはじめたのだ。

簡単にいえば、

植物の生態系が再生した。
動物の生態系が再生した。
風景が一変した。
すべて、オオカミの存在で。

イエローストーンでは、多くの人々から生態系《システム》をおびやかすと恐れられていた存在＝オオカミが、生態系の救世主となった。

では、これをわたしたちの世界に置きかえたら？

多くの人々から現在の体制《システム》をおびやかすと恐れられている存在＝女性が、社会の救世主となるということだ。

女性こそ、わたしたちが待ち望んでいた存在だということだ。

わたしたちはみな
オオカミなのだ。

これまでずっと、わたしにとってのオオカミの群れはサッカーチームだった。

だが、いまのわたしにとってオオカミの群れは、あらゆる場所のすべての女性だ。

オオカミの群れには、結束するための柱がいる。最も効果的なのは、群れの行動の指針となるルールをつくることだろう。

女子サッカーアメリカ代表チームは独特な存在で、大きな組織から離れた女性だけの生態系だ。ＦＩＦＡは女子サッカーをほとんど無視して軽んじているから、女子選手は多くのことを自力でやってきた。女子サッカーに対する敬意や未来が欲しければ、自分たちで手に入れるしかない。アメリカ代表チームはまさしく、女子サッカーの状況を変えようと堅く決意しているオオカミの群れだ。

わたしがメンバーになる2年前の１９９９年、女子サッカーアメリカ代表チームはＦＩＦＡを訪れて、ここアメリカで開催されるワールドカップを男子と同じようにＮＦＬスタジアム*で行ないたい、と言った。

だが、ＦＩＦＡはだめだと答えた。女子はそんな広い会場ではできない、チケットが売れ残るだろう——つまり、立場をわきまえろということだ。昔から

*ＮＦＬスタジアム：平均して7万人ほど収容できる巨大スタジアム。

のルールに従え。無茶をするな（注・無茶だと言われたときは、いいところを突いているときだ）。

さて、そう言われたアメリカ代表チームはどうしたか？

そんな警告は無視して、夢見てきたものを自分たちで築きはじめた。

彼女たちは、ゲリラ的な草の根マーケティングを展開した。学校を訪ね、体育館につめかけた子どもたちに語りかけた。サッカーのピッチに立っている少女たちを驚かせたこともある。ジュニアのサッカー大会のそばを通りかかったとき、あの子たちにワールドカップの話をしたいからと、バスを止めるよう運転手に頼んだのだ。

全員がやる気満々で、献身的だった。私利私欲がなく、熱心だった。みんなが結束し、できるはずだと信じている未来のために力をつくし、ぜったいに実現させると心に決めていた。

そして、やり遂げた。

チケットを売りきったのだ。世界が目にしてきたなかで最も力強い女子スポーツの展開を、女子スポーツ史上最大のイベントをつくりあげたのだ。ローズボウル・スタジアムで開催された決勝戦には、9万を超える観客が集まった。それは、女子スポーツ史上最多の観客数であり、男子のワールドカップも含め、アメリカで行なわれたサッカーの全試合において最高視聴率を記録した。世界で4000万もの人が生中継で観戦した。プロのホッケーやバスケットボールの決勝戦よりも高い視聴率だった。

とつぜん、サッカーに新しいルールが、女性たちがつくったルールができたのだ。それもこれも、先を見すえた強い女性たちが古いルールを破ったからにほかならない。

黒人女性の映画監督として初めてアカデミー賞作品賞にノミネートされたエイヴァ・デュヴァーネイ*は、こう言った。

ガラスの天井*について言えば……わたしは、わたしを入れたくないと思っている家のドアを壊すことには興味がありません。それより、自分の家を建て

*1 エイヴァ・デュヴァーネイ：映画監督・脚本家。

*2 ガラスの天井：目には見えない性差別や人種差別などで、

24 ―

ることに惹かれます。

バーナード大学の女子学生に伝えようと決めたメッセージ、すなわち本書のメッセージはこれだ。

女性は現状維持のために存在する古いルールに従うのをやめるべきだ。

これまでのルールに従いつづけているかぎり、ゲームは変わらない。

古い考え方は、新しい世界をつくる役には立たない。

古いルールはいらない。新しいルールをつくるのだ。

不当な扱いを受けたり、昇進を妨げられたりすること。

ONE
あなたはずっとオオカミだった

古いルール
道からはずれるな

新しいルール
道は自分で切り拓く

澤穂希さんと。2011年 FIFA 女子ワールドカップで

多くの少女と同じく、わたしも、じっとおとなしくして道をはずれず、やるべき仕事をするよう教えられてきた。まるで赤ずきんのように。

あの童話を知っているだろう。世界じゅうの少女がくり返し教えられる教訓物語のひとつだから。赤ずきんは、厳しい指示を与えられて森へ入っていった——道からはずれないこと。誰にも話しかけないこと。うつむいて頭巾《ずきん》で顔を隠すこと。

赤ずきんは言いつけを守る……最初は。けれども、そのうちにちょっとした好奇心で思いきって道をはずれる。すると悪いオオカミと出会い、とんでもない危機が起こるというわけだ。

　この物語が伝えていることはこうだ。

ルールを守れ。
好奇心をもつな。
よけいなことは話すな。
大きな期待をいだくな。

これを守らなければ、悪いことが起きる。

だが、世のなかを見まわしても、自分の過去をふり返っても、この物語がまちがっているのは明らかだ。

　わたしの人生では、よいことが起きたのも、尊敬する女性たちと出会えたのも、すべて思いきって道をはずれたときだった。

幼いころに、こう言われた。おりこうな女の子はスカートをはくものよ。

わたしはスカートが大嫌いだった。

スカートをはいている自分を鏡で見ると、吐き気がした。自分の姿をじっと見て思った。こんな格好も、こんな感じも好きじゃない。これはわたしじゃない。

スカートをはいた瞬間から脱ぐ瞬間まで、息を止めていないと耐えられない気がした。衣装を着て、まわりに溶けこみ、おりこうでいるために、本当の自分を隠しているような気分だった。

だから、子どものころはこう思っていた――どうして着たいものを着られないの？

思えば女性の大半は、みな衣装を着て、自分のなかのオオカミを隠しているのではないだろうか？

そんなルールが変わったのは、女子校に進んだときだ。

教室ですわって見ていると、友人たちの性格がすっかり変わっていた。男子といっしょにいたときはおとなしかったのに、女子だけになったら活発になり、強く主張するようになった。男子の近くではめったにものを食べなかった女子たちが、もりもり食べるようになったのだ。

服装も変わった。女子校では、男子の気を引く服ではなく、着心地のいい服を着た。わたしたちは自分のために服を着ていい。内面で感じているとおりに装っていい。ほかの人が落ち着かなかったとしても、自分が落ち着くなら、その格好にしていい。女は男のために服を着る必要なんかないと学んだのだ。

高校時代には、男子とつきあった。わたしが育った宗教と文化では、女の子はそうするものだと教えられていたからだ。どの男の子も悪い子ではなかった。でもその後、ある女の子に夢中になって初めて、恋愛は悪くないだけではだめなんだと悟った。

それでも、同性愛者であることを公にはしないと決めた。家族を失うのではないかと不安だったからだ。胸が張り裂《さ》けそうだった。

だから、10代のころはこう思っていた――どうして自分が愛したいひとを愛せないのだろう？

わたしは自分のこうした面を、人前ではできるだけ隠していた。

初めて本物の恋をしたのは、高校の最高学年のときだ。この恋は空気のように、食べ物のように、そしてシェルターのように重要で必要だった。

それからのわたしは、当時の同性愛者の多くと同じような恋愛をした。つまり、秘密の恋。誰にも打ち明けられないことで不安になり、家族や友人と隔《へだ》たりを感じた。秘密にしなければならないのは腹立たしかったが、同じくらい興奮もした。

それに、本物の愛は人間には欠かせないもので、自分にそれを禁じてしまえば、自分のなかのオオカミが死んでしまうこともわかった。わたしは慄《おのの》きながらも、ひたすら秘密にしながらも、愛することを選んだ。

自分を選んだのだ。

そして、いつしかプロサッカー選手になることを夢見るようになった。問題は女子のプロサッカーの歴史がとても浅く、冷遇されていたあまり、その存在さえ知らなかったことだった。わたしは男子のアメリカ代表チームのプレーを見て、こんなふうに考えていた。〝わたしだってできる。わたしもやりたい〟

だから、20代のころはこう思っていた――どうしてなりたいものになれないのだろう？

でも舞台裏では、わたしがいずれ手にする機会をつくりあげてくれた女性たちがいた。そうした女性たちは、教育法を改正し、すべての教育における男女平等をうたい、女子スポーツにも補助金が得られる道を拓《ひら》き、プロ女子サッカーリーグを立ちあげ、新興《しんこう》の女子サッカーアメリカ代表チームが生活できるだけの報酬《ほうしゅう》を得られるように尽力《じんりょく》してくれた。わたしが大学を卒業するころには、会ったこともない女性たちが、わたしが歩む道を切り拓いてくれていたのだ。

彼女たちは、人生のできあがった道を歩く赤ずきんではなかった。彼女たちは、なかった道を新しく切り拓いた。あとに続く世代のために、レンガをひとつずつ敷いて舗装《ほそう》してくれた。多くの女性が必要だと知らなかったものまでつくってくれた。彼女たちの多くが、自分自身には益がないとわかっているものを築くために、人生を費やして、やり遂げてくれたのだ。

もし、過去に戻って若いころの自分に伝えられるとしたら、こう言うだろう。

アビー、あなたは赤ずきんじゃなかった。ずっとオオカミだったんだよ。

わたしだけではない。オオカミは、すべての女性のなかにいる。

オオカミとは、世間からこうあるべきだと教えられる以前の〝生まれながらの〟自分だ。

オオカミとは才能であり、力であり、夢であり、声であり、好奇心であり、勇気であり、尊厳であり、選択であり――正真正銘の自分自身なのだ。

オオカミの群れへの呼びかけ

着たいものを着よう。
愛したい人を愛そう。
夢見たとおりになろう。
必要なものは自分でつくろう。
あなたは赤ずきんなんかじゃない。 いつだってオオカミだったのだ。

TWO
感謝して
大志をいだく

古いルール

いまあるものに感謝する

新しいルール

いまあるものに感謝しつつ、
自分にふさわしいものも求める

左から、ペイトン・マニング、アビー、
コービー・ブライアント。アイコン賞授賞式で

現役を引退したとき、ESPN[*1]がわたしの実績を称《たた》えて賞をくれることになった。同局が全国放送しているテレビショー「ESPYS」のアイコン賞で表彰してくれるというのだ——引退するふたりの名選手、NBA[*2]のコービー・ブライアントとNFL[*3]のペイトン・マニングとともに。

とんでもない出来事だ。わたしは大興奮した。

真っ先に思ったのは「どんな格好でいこう？」だったが、頭に浮かんだのは〝スニーカー〟だった。わたしは新しいスーツを仕立て、きらきら輝くスニー

＊1 ESPN：ディズニー傘下のスポーツチャンネル。

＊2 NBA：アメリカとカナダのチームによるプロバスケットボール・リーグ。

＊3 NFL：アメリカのプロアメリカンフットボール・リーグ。

カーを買った。髪を脱色しなおして刈りあげた。同じ夜にサッカーの英雄《アイコン》とファッションのアイコンが同時に現れても悪くないよね？

授賞式の夜、プレゼンターのジャスティン・ティンバーレイク*が舞台に立ち、わたしたち3人の経歴をまとめたビデオを流した。そして、3人に共通する要素、才能、気概、献身について話した。

わたしたちにどれだけ意欲があったかを説明するとき、わたしのところでは、試合中に血だらけの頭を医療用ホチキスで留《と》めた場面が流れた。ジャスティンは動きを止め、驚き、感嘆した様子でこう言った。「ホチキスで留めてるよ、頭を」

観客たちは腹をかかえて笑い、わたしは最高の強者《つわもの》になった気分だった――この舞台にふさわしい強者に。

表彰される段になった。3人がともに立つと、カメラが動き、観客からは歓声が湧きおこった。その瞬間、コービーとペイトンがどんなふうに感じていたのかはわからないが、わたしは感謝の気持ちでいっぱいだった。そこにいられ

*ジャスティン・ティンバーレイク：アメリカの人気シンガーソングライター。俳優。

たことが、コービーとペイトンの仲間に加えられたことがありがたかった。やっとここまでたどり着いたと感じていた。これまでの女性アスリートと同じように。

だが、拍手がおさまり、順に舞台から降りて、ふたりが舞台から去っていく姿を見つめているうちにハッと気づいた。ここにいる3人は似たような成績をあげて引退するのに、まったく異なる未来が待っているのだ、と。

コービーもペイトンもわたしも、好成績を残すために同じように犠牲《ぎせい》をはらってきた。

十数年間、同じ激しさと才能と献身で、それぞれの競技で同じだけの血と汗と涙を流してきた。

そして、最も注目を集める大会で優勝した。

でも、引退後はまったくちがう。

コービーとペイトンは表舞台から去ると同時に、わたしにはないもの――莫大な銀行預金を持って未来へ踏みだす。その預金のおかげで、彼らはわたしにはないもの——自由も手にしている。ふたりにとって、精力的に活動した日々は終わった。

なのに、わたしときたら動きはじめたばかりだった。

その夜、ホテルの部屋に戻ってベッドで横になると、自分のなかで十数年間くすぶっていたものに気がついた。怒りだ。

2018年、FIFAが主催した男子サッカーのワールドカップ優勝チーム（フランス）は、賞金3800万ドル（約40億6600万円）を母国に持ってかえった。2015年のFIFA女子サッカーワールドカップの優勝チーム（アメリカ）が持ってかえった賞金のじつに19倍だ。女子サッカーアメリカ代表がワールドカップで優勝した2015年、男子サッカーアメリカ代表チームの収益がわずか200万ドル余り（約2億1400万円）だったのに対し、女子チームは660万ドル（約7億620万円）も稼いだというのに。

わたしは、この目にあまる不公平さと明らかに不当な扱いに大きな声をあげなかった自分に怒っていた。

チームメートにも、恩師たちにも、すべての女性たちにも怒っていた。これがわたしだけの問題ではないことも、スポーツだけの問題でないこともわかっていたから。

わたしの話は、女性すべてにあてはまる話だった。

世界じゅうの女性は生涯を通じて、同等の地位にある男性より、平均して収入が大幅に少ない。2018年の第1四半期、あらゆる産業のあらゆる年代のアメリカ女性の収入は、同等の地位の男性の収入の81・1%だった。調査によれば、同等の地位の男性と同じ年収を女性が稼ぐためには、平均66日よけいに働かないといけないらしい。さらにいえば、賃金の不平等は、有色人種の女性になるともっとひどい。同等の仕事をしている白人男性に賃金が1ドル支払われるとき、黒人女性には63セント、ラテン系の女性には54セントしか支払われていないのだ。

わたしは現役時代の大半を、授賞式の舞台で感じたのと同じような気持ちで過ごしてきた。つまり、ひたすら感謝するだけだった。報酬に感謝し、国を代表できることに感謝し、数あわせの会議に出席できることに感謝し、あらゆる敬意を受けられることに感謝するあまり、自分自身のために、そして女性全員の平等のために、声をあげて要求することを怖がってきたのだ。

賃金格差が存在するのは、男の既得権益《きとくけんえき》と共謀《きょうぼう》のせいだけではない。女が感謝ばかりするせいでもある。

感謝するから、権力者が少数の女性を名ばかりの平等に利用して、残りの女性を従来のやり方に従わせるのだ。

オオカミの群れへの呼びかけ

感謝しよう。
だが、そこで終わってはいけない。
感謝し、勇敢《ゆうかん》であれ。
感謝し、公正であれ。
感謝し、不屈であれ。
感謝し、大きな声をあげよう。
感謝し、大志を抱こう。
いまあるものに感謝しつつ、自分にふさわしいものも求めよう。

THREE

ベンチからのリーダーシップ

古いルール
許可を得てから
リーダーシップを発揮する

新しいルール
いますぐ、どんな立場でも、
リーダーシップを発揮する

ベンチから選手を支える。
2015年 FIFA女子ワールドカップで

リーダーと言われたら、どんなひとを思い浮かべるだろうか？

政治家？　CEO？　監督？

たいてい、そんなところではないだろうか。わたしは疑問に思わずにはいられない。どうして自分を思い浮かべないのだろう？

これまでの文化では、リーダーシップに対する解釈によって、あまりにも長く、あまりにもたびたび、女性たちが無視されてきたからかもしれない。

2015年は、わたしにとって重要な年だった。現役最後の年にするつもりだったし、女子サッカーアメリカ代表チームを率いてワールドカップに出るつもりだったからだ。

共同キャプテンとしての役割のひとつは、トーナメントで勝ち残るための先発メンバー11人を監督たちが選ぶのを手伝うことだった。

つらい決断を迫られた。

最初の数試合で、わたしがもう先発メンバーではないことが明らかになった。35歳は代表チームで最年長のひとりだ。動きが悪くなり、慢性的な痛みもかかえていた。かつてのような選手ではなくなっているのは、チームもわかっていたし、監督たちもわかっていたし、自分もわかっていた。

想像してほしい。あなたは地球上の誰よりも多く国際試合で得点してきた。10年間、アメリカ代表チームで共同キャプテンをつとめ、次から次へと勝利を収めてきた。それなのに、いまは監督といっしょに腰をおろし、あなたにとって最後となるワールドカップの残り試合で自分を先発メンバーに入れないと決めている。ベンチスタートだと。

アメリカ代表チーム共同キャプテンのアビー・ワンバックにとって、それは受け入れがたいことだった。これまでと同じようにプレーをし、チームを勝利に導いて現役を終えたがっていた負けず嫌いな子ども、アビーにとってはなおさらだ。

だが、もしも先発メンバーとして現役を終えていたら、リーダーシップについて最も重要な教訓、当時はまだ身についていなかった教訓、わたしを人生の次の段階へ押しあげてくれた教訓は学べなかっただろう。ピッチでのリーダーシップは理解していた。だから、今度はベンチからのリーダーシップを学ぶことが必要だった。

トーナメント第2試合。それまでのわたしは、目を丸くした子どもと手をつなぎ、ほかの先発メンバーと列をつくって、歓声をあげている観客たちのまえを歩いてピッチに出ていった。ピッチの真ん中まで進んだら、国旗のほうを向き、国歌を聴く。これが試合まえの儀式であり、現役時代の誇りだった。

でもこのときは、補欠の選手と競技場に出て、ベンチのまえで足を止め、ほかの11人が胸に手をあてて国歌を聴いている姿を見つめた。観客や、チームメートや、ファンの視線がわたしに注《そそ》がれているのはわかっていた。わたしがどんな反応をするのか見ているのだ。わたしにはふてくされることもできたし、プライドを呑《の》みこんでチームのためにはたらくこともできた。

ピッチに立っていたとき、いちばん刺激を受け、意欲をかきたてられたのは、見知らぬ数百万人の歓声ではなく、チームメートがわたしに注意を向け、信頼してくれることだった。

わたしは、長年のチームメートであり友人であるロリ・リンジー*を思い出した。15歳のときからいっしょにプレーしてきたロリは、つねに代表チームの先発メンバーだったわけではないが、いつだって90分間プレーしている選手と同じくらいのエネルギーで応援し、チームをよい方向へ引っぱっていた。そんなロリを、わたしは見習うことにした。

*ロリ・リンジー：2005〜2013年にアメリカ代表チームで活躍。

わたしは試合に集中した。あまりにも大声で、じゃまになるほどしつこく叫びつづけたので、監督にベンチのはしに連れていかれるほどだった。ピッチからあがってくる選手には水を用意した。ゴールが決まると祝福し、ミスがあってもみんなを信じつづけた。

ピッチにいる選手のことは姉妹のようによく知っていたから、どの瞬間も、わたしに何を求めているのか、正確に予測できた。それが安心感だろうと、励ましだろうと、愛のムチだろうと、指示だろうと差しだした。

試合が終わると、まるで90分間ずっとプレーしていたかのようにへとへとになった。先発メンバーはピッチで、わたしはベンチで、力を出しきったのだ。

トーナメントのあいだ、何度も同じことをくり返し、その年、わたしたちはワールドカップで優勝した。

わたしたちはみんな、先発メンバーも補欠もいっしょに、ワンチームとして祝った。この年ワールドカップで優勝できた要因のひとつは、ベンチがしっかり支えたからだと確信している。このトーナメントを乗りきったというわたしの誇りは、決定的なゴールをあげた、かつてのどんな誇りにも引けをとらない。

あなたも人生で一度は、補欠になった気分を味わうことがあるだろう。プロジェクトからはずされた、昇進できなかった、病気になった、選挙に負けた……。もう必要としていないとばかりに、子どもにじゃま扱いされることだってあるだろう。あるいは書類かばんの代わりに赤ちゃんをかかえ、同僚が〝先に進み〟、自分だけが取り残されている気がすることもあるだろう。

そんなとき重要なのはこれだ——人生で補欠になったと感じたら、落胆《らくたん》してもかまわない。でも、ベンチからリーダーシップを発揮する機会を無駄にしてはならない。

ベンチでリーダーになれなかったら、ピッチでもリーダーはつとまらない。リーダーシップは、どこでも発揮できるか、どこでも発揮できないかのどちらかだ。

ちなみに、わたしが出会った最も猛々《たけだけ》しいリーダーといえば自分の親だ。親にベンチはない。親でいるということは、とても大きな試合に出るようなものなのかもしれない。

女性はみな、誰しも自分の人生のリーダーだ。その力を放《ほう》りださないでほしい。自分のものだと主張してほしい。大切にしてほしい。活用してほしい。

リーダーシップは、会議を仕切っている男性だけのものではない。自分から声を出して自分と愛する人々の人生を率いる、すべての女性のものでもある。

リーダーシップとは、地元の学校でボランティアをすることであり、友人に励ましの言葉をかけることであり、死にゆく親の手を握ることだ。汗水流してはたらき、心を平静に保ち、家族や友人に「不人情なことはしない」と言うことだ。教育委員会*の選挙に立候補し、練習後にシングルマザーの子どもを車で送っていくことだ。

リーダーシップとは、自分を大切にすることであり、ほかの人々にも自分を大切にするよう促《うなが》すことだ。

*教育委員会：アメリカでは、公選で委員を決めるところが多い。学校予算の管理など日本の教育委員会より権限が大きい。

リーダーシップとは、勝ちとるものではなく、誰もが当然のものとしてもっているもの、言ってみれば血管を流れる血だ。

リーダーとは、世間から与えられる肩書ではない。それは、あなたが世間に捧《ささ》げるものなのだ。

オオカミの群れへの呼びかけ

言いたいことがあるなら、影響力を与えられるはずだ。
仲間がいるなら、その人を導く気持ちをもてるはずだ。
若い知り合いがいるなら、その人の未来を築いていけるはずだ。
特権を与えられているなら、分けあう力があるはずだ。
お金があるなら、サポートできることがあるはずだ。
投票権があるなら、望む政策を実現できるはずだ。
痛みをかかえているなら、共感できるはずだ。
自由があるなら、ほかの人々のために戦えるはずだ。
生きているなら、リーダーであるはずだ。

FOUR

失敗を燃料に

古いルール
失敗した、勝負は終わり

新しいルール
失敗した、勝負はここから

2011年 FIFA 女子ワールドカップで

まだユースアメリカ代表の一員で、いつかミア・ハム＊とプレーしたいと夢見ていたころ、女子サッカーアメリカ代表チームのロッカールームを訪れる機会があった。その瞬間、わたしのまわりだけ時間が止まったのを覚えている。

芝がついた憧《あこが》れの選手たちのシューズ、ロッカーの上部から下がっている各自の名前と背番号、きちんとたたんで椅子に置いてあるユニフォーム……、わたしはロッカールームを見まわし、目にしたものを残らず覚えておこうとした。

だが、永遠に記憶に残ったのは、そのどれでもなかった。忘れられない光景、

＊ミア・ハム：1987～2004年まで17年間アメリカ女子代表チームに選ばれた伝説の選手。FIFA女子最優秀選手賞を二度受賞。

それはトレーニング場に向かう直前に選手全員が見られるように、ドアの隣に貼られた小さな2L判の写真だった。

そう言うとあなたは、大勝利で歓声をあげるチームのメンバーたちか、表彰台に乗って金メダルを受けとる選手たちの写真を想像するだろう。だが、わたしが見たのは、1995年のワールドカップでアメリカを破って勝利を祝っているノルウェー代表の写真だった。つまり、長年のライバルに負けたときの写真だったのだ。

5年後、わたしはそのアメリカ代表チームに招集された。遠征中のある日、わたしたちはとくにやることもなく食堂の大きなテーブルに集まり、何時間もおしゃべりをしていた。わたしは勇気を出して、あの写真について訊《き》いてみた。チームにとってどういう意味があるのか、どうしても知りたかったから。

「ロッカールームの壁に貼ってあるノルウェー代表チームの写真、あれは何ですか？　これからプレーするっていう直前に、どうしてあの写真を見るんですか？」

すると、選手たちはにっこり笑った。新人が正しい質問を口にするのを明らかに待っていたらしく、こう説明しはじめた。代表チームの至上命題《しじょうめいだい》は勝つこと。でも、たとえ負けても恐れてはいけない。負けを否定してはいけない。なかったことにしてはいけない。最高レベルでプレーする価値がないなんて思わなくていい。それどころか、負けはできるだけ記憶しておくべきだ。きのうの敗戦で学んだことは、明日の勝利の燃料となるのだから。

わたしはさらに尋ねた。「あの写真を貼って効果があるんですか？」

これにはジュリー・ファウディ*が答えた。「その次の年、オリンピックでアメリカ初の金メダルを手にしたわよ。どう思う？」

テーブルを離れるときにはもう、チャンピオンになるためには（ピッチででも、ピッチからはずれたところでも）、失敗を燃料に変えて生きる必要があることを学んでいた。

女性はまだ、失敗をうまく活用していない。負けるとパニックになり、否定

*ジュリー・ファウディ：1987～2004年まで代表チームでプレーし、10年以上キャプテンをつとめた。1997年にはアメリカ人および女性初のFIFAフェアプレー賞を受賞。

し、拒絶する。最悪の場合、失敗を自分が価値のないペテン師である証《あかし》のように考えてしまう。男性は失敗しても許されて、永遠にプレーを続けられるのに、女性はどうして失敗のせいでゲームからはずれなければならないのだろう？

男性は不完全でも力を与えられ、世界を動かす許可を得られる。女だって、不完全だろうが男性たちに混ざる許可を与えられていいころだ。

完璧さはリーダーシップの条件ではない。なのに、わたしたちはそれが条件だと信じることで、リーダーシップを発揮しない自分を許しているのだ。

女性は完璧でなければ目立つ価値がない——そんな古くさいルールに従って、わたしたちは生きてきた。だが、完璧な人間などいるはずがないのだから、このルールは女性にリーダーシップをとらせないようにする巧《たく》みな先制攻撃にすぎない。

もう、新しいルールにすべきときだ。

女性も失敗を破滅と考えるのをやめて、燃料として利用しはじめるべきだ。

失敗は恥ではない。役立たずの証明でもない。失敗は、あなたに力を与えてくれるものだ。

失敗を恐れて生きていたら、冒険はできない。わたしたちはまだ、自分をすべてさらけだしていない。だから、はじまりもしていないうちに終わってしまうのだ。

心配はもうやめよう。「失敗したらどうしよう？」ではなく、自分にこう誓おう。「失敗しても、ぜったいにあきらめない」

2016年、現役を引退したわたしはESPNで、男子サッカーのUEFA欧州選手権の解説をつとめることになった――テレビで国際的に放送されるサッカーのトーナメントだ。まずパリへ行き、ホテルに入り、緊張と興奮を感じながら初日の現場に赴《おもむ》いた。

だが〝オンエア中〟という赤ランプがついた瞬間に、頭のスイッチが飛んだ。ほかの解説者たちは選手やデータやシステムについて易々《やすやす》と話しているのに、わたしは話し方さえ思い出せなかった。

最初の5分で、ある意味ではまったくついていけないことがわかった。ツイッターで反応を見てみると、世間も同じ意見であるとはっきりした。つまり、失敗したのだ。

恥ずかしくてたまらなかった。次の飛行機で帰りたかった。その後も現場へ行って最後まで試合を見たものの、つらくてたまらなかった。

帰りの飛行機ではすっかり落ちこみ、ずっと考えつづけた。〝現役を引退した選手はふつう解説の仕事をするものだ。でも、わたしは失敗した。ほかに何か選択肢が残されているだろうか？〟

家に着いて腰をおろしてからも、長いあいだこの不安にとらわれつづけた。だが、ついに自分にはふたつの選択肢があるという結論に達した。このすっかり知れわたった失敗は、解説をやめる言い訳にも使えるし、糧《かて》として利用することもできる。この失敗で自分は落伍者《らくごしゃ》となる運命だったのだと考えることもできるし、自分はいまは解説者になるべきではないだけだとも受けとれる。

結局、わたしは解説者をやるべき仕事のリストから消した。そして、ほかの仕事を探しつづけ、数カ月後、リーダー育成会社を立ちあげた。

いまは毎日、好きな仕事をしている。新人リーダーのために、本人とメンバーの両方のためになる方法を指導しているのだ。

失敗は、同じ道でわたしたちを前進させてくれることもあれば、新しい道に導いてくれる場合もある。肝心なのは、どちらにしても前進しつづけることだ。

女性は、たとえ大きな失敗をしたあとでも、そのまま居残って再挑戦する権利を求めるべきだ。その姿を世の中に示すべきだ。何度も、何度も。

チャンピオンは、一度の失敗で長いゲームから撤退《てったい》してはならない。

あきらめない女性は、決して負けない。

オオカミの群れへの呼びかけ

試した。
失敗した。
恥をかいた。
だったら失敗を燃料に変えればいいだけだ。

FIVE
互いのために戦う

古いルール
互いに戦う

新しいルール
互いのために戦う

2011年FIFA女子ワールドカップで

サッカーの試合では、ボールがゴールネットを揺らして得点する魔法のような瞬間がある。この魔法は、すべてが理想どおりにできたときに起きる――理想的なパスが通り、理想的なタイミングで走り、どの選手も適切なときに正しい場所にいて、ついに、ひとりの選手がゴールを決めるのだ。

その瞬間、ピッチでは個々の選手の集まりがワンチームへと変わる。ベンチも喜びを爆発させる。ピッチに散らばっていたチームメートたちが、ゴールを決めた選手に駆けよっていく。ハイタッチ、胸のぶつけあい、ダンス、ハグ。

だが次の瞬間には、仲間を祝福するためにすばやく集まってきた選手たちが、またすばやく散っていく……。

観客には、みんながゴールをあげた選手を祝福しているように見えるかもしれないが、チームが実際に祝福しているのは、1本のゴールに集約されたすべての選手、すべてのコーチ、すべての練習、すべての走り、すべての懸念《けねん》、すべての失敗だ。

ときには、ほかの選手が重要なゴールを決めるのを見届けるためだけに全速力で50メートル走ることもある。ゴールを決められたのは、誰かがボールを奪って走ったから。誰かの心意気と汗のおかげなのだ。

いつも自分でゴールを決められるわけじゃない。決められなかったら、ゴールを決めた選手に駆けよればいい。

もちろん、あなたがゴールを決めることもあるだろう。

わたしは国際試合で184ゴールを挙げた。

ゴールを決めた映像を見ると、その瞬間にわたしがいろいろな方向を指さしているのがわかるはずだ。

ゴールをアシストしてくれたチームメートを。

敵の攻撃をとめてくれたディフェンダーを。

疲れを見せずに走りまわってくれたミッドフィルダーを。

このプレーを考えだしてくれた監督を。

この瞬間を現実にしてくれた控《ひか》えの選手たちを。

誰からもパスをもらわずにゴールを決めたことは一度もない。これまで決めたゴールはすべて、チーム全員のものだ。

あなたも、点を取ったら、まわりを指さすべきだ。

誰かが得点したら、オオカミの群れにはふたつの選択肢しかない。

駆けよっていくか、まわりを指さすか。

ピッチ以外で駆けよったり指をさしたりするなら、こんなふうになるだろう。

- 互いに声を出しあって、その声をどんどん大きくする。
- 女性や他国のひとなど、会議で軽んじられている人々にも席を与えるよう要求する。
- 互いの成功を祝福しあう。
- 自分の成功に協力してくれた人々に感謝を示し、貢献を称える。
- 転んだひとがいたら、立ちあがるのを助ける。

まだ古いルールに従って生きている女性に出会ったら、全員のために戦いつづけよう。

女性が互いのために戦うのは難しいことかもしれない。長いあいだ、名ばかりの地位を求めて争ってきたから。権力者たちは「女性の席はほとんどない」とまやかしを主張することで、古めかしい場の唯一の席を女性たちに競わせている。

残念ながら、「女性の席はない」というそのまやかしは、わたしたち女性の頭にも埋めこまれてしまっている。これはわたしたちの過《あやま》ちではない――けれども、わたしたちが解決すべき問題だ。

〝革命は、同じ信念をもつことからはじまる〟

オオカミの群れには、席がないなんて嘘だという信念がある。権力や成功や喜びは、ケーキとはちがう。ひとりの女性が大きく切り取ったからといって、ほかの女性の分が少なくなるわけではない。愛も正義も成功も力も無限で、誰の手にも入る。信じていい。

〝革命は、ともに行動することで成功する〟

だから、すべての女性のために行動を起こそう。互いに助けあおう。互いに駆けよろう。互いに指をさそう。無限の喜びと成功と力を求めよう――みんなで。

ひとりの女性の成功を、女性すべての成功として祝福し、分かちあうのだ。

オオカミの群れへの呼びかけ

彼女の勝利はあなたの勝利。ともに祝おう。
あなたの勝利は彼女の勝利。指をさして彼女に注目を集めよう。

SIX
ボールを要求する

古いルール
無難なプレーでボールはパスする

新しいルール
自分を信じてボールを要求する

右端がアビー。その左はパートナーのグレノン、そして3人の子どもたち

かつて、わたしの憧れはアメリカ代表チームの女子選手だった。そのひとりがミシェル・エイカーズ*、世界一のサッカー選手だ。ミシェルはわたしと同じように背が高く、同じようにがっしりしていて、わたしが知るかぎりでは最も勇敢な選手だった。まさに、わたしが夢見る選手そのものだった。

当時女子サッカーにはプロリーグがなかったから、ミシェルは代表チームの試合がない期間、トレーニングできる場所を探していた。そんなある日、ユース代表チームであるわたしたちは、憧れのヒーローであるミシェルといっしょ

*ミシェル・エイカーズ：1985〜2000年まで代表チームでプレー。1998年、FIFA功労賞受賞。ミア・ハムとともに女子サッカー界の伝説的選手。

にプレーすることを思いついた。18歳のわたしたちが、ミシェル・エイカーズを、たくましい有力選手であり、ワールドカップ優勝者であり、レジェンドである選手を迎えたのだ。サッカーシューズのひもを結ぶとき、わたしたちはみんな手がふるえていた。

2チームに分かれて、5対5で試合方式の練習をしたときのことは、一生忘れない。

前半の45分間、ミシェルは手加減をして、スペーシングやタイミングや戦術について指導してくれた。だが後半、指導に力を割《さ》いていたせいで3ゴール差で負けていると気づいた瞬間から、ミシェルのなかでスイッチが入ったのが見えた。

ミシェルは味方のゴールキーパーのわずか1メートル手前まで走ると、立ち止まってキーパーに叫んだ。

ボールを寄こしな！

そしてキーパーからパスを受けるやいなや、相手チーム全員をドリブルで抜いていき、ゴールを決めた。

このゲームは〝ヴィナーズ・キーパーズ〟、つまり得点を挙げたらボールをもてるというルールだった。だからミシェルが得点すると、ボールは彼女のチームのゴールキーパーに戻された。

すると、ミシェルはふたたびキーパーの1メートル手前まで走って叫んだ。

ボールを寄こしな！

キーパーはボールを渡し、ミシェルはまたドリブルでわたしたちを抜いて得点した。

そのあとも同じことをした。次もまた。チームが勝つまで。

あの日、わたしがミシェルに見たものは、自分に対する見方を永遠に変えた。

あの試合まで、わたしはつねに自分の能力を抑《おさ》え気味にし、ほかの選手より目立たないように、あまり光を浴びないようにしていた。そうするのが、謙虚でいいことだと思っていた。わたしの能力がほかの選手を傷つけ、チームメートとの仲に亀裂《きれつ》が入ってしまうのを恐れていたのだ。だから、ピッチでは75％の力しか出していなかった。

だが、ミシェルを見ていると、そこにはサッカーに対する強烈な情熱の力があった。ただ「勝ちたい」などというのではなく、勝利に対する貪欲《どんよく》さ、そして勝利を導けるのは自分だと信じる選手の姿が見えた。

この試合以降、わたしは自覚している能力より劣っているように見せるのをやめた。

わたしが学んだのは、この世でいちばん刺激的なのは自分だと信じ、100％の力を発揮し、自分のすばらしさを卑下《ひげ》しないということだ。

遠慮することなく力を発揮しているミシェルを見て、わたしも思うぞんぶん能力を発揮できるようになった。

いまでも、自分には価値がなく、覚悟がたりず、能力がなく、役立たずだと思いこみたくなると、ミシェルを思い出す。

3年まえ、わたしは3人の子どもがいる女性に恋をした。ずっと母親になりたいとは思っていたけれど、継母になる覚悟はまったくできていなかった。

これまで耳にしてきた継母《ままはは》と子どものひどい話を、つい何度も思い出した。子どもたちに疎《うと》まれ、本物の親として認められないのではないかと怖かった。

こんなに大きくなってからとつぜんわたしが現れたって、子どもたちの愛情も尊敬も得られないのではないかと心配だった。

そしてなにより自分が、血のつながった親と同じように子どもたちに愛情をいだけないのではないかと怯《おび》えた。

わたしは親としてふさわしいのか？　自分ではわからなかった。

だが、グレノンとともに生きる人生が欲しくてたまらないのなら、覚悟ができていなくてもまえに出て、ボールを要求すべきだった。

だから、そうした。

わたしはグレノンと結婚して継母になった。チェイスとティッシュとアマは、わたしを「ボーナスママ」と呼ぶ。子どもたちのボーナスママになったことは、人生最高の決断だった。

簡単だったか？　とんでもない。毎日、親としてくだした決断に疑問をいだく瞬間がある。でも、疑問だらけになるのは継母にかぎった話ではないとグレノンが請《う》けあってくれた――親とはそんなものよ、と。

グレノンと前夫のクレイグ、そしてわたしは、3人1組のチームだ。わたしたちは混合家族に関する古い物語を捨て、新しい物語を書くことにした。テーマは尊敬とやさしさ、そしてそれぞれのプライドよりみんなの平穏《へいおん》を重視するための絶え間ない決断だ。

ときおり、この家族を見て考える。覚悟ができるまで、あるいは失敗しないという自信ができるまで母親にはならないと決めていたら、どうなっていただろう？　と。きっと、わたしに起きる最良のことを失っていたにちがいない。

自分と似ているよその家族を手助けする機会も。いまは毎日のように、わたしたち家族をきっかけにして、唯一無二の混合家族をつむぎはじめた人たちの話を聞いている。

もしもあなたが、もてる力をぞんぶんに発揮すれば、その影響はあなただけにとどまらず、ドミノ倒しを起こすだろう。だから、何度でも立ちあがってボールを要求してほしい。ほかの人にも同じことを許してほしい。

オオカミが1匹ずつ力を解き放てば、群れ全体の力もどんどん大きくなっていく。『ジャングル・ブック』*にはこう記されている。

〝群れの力はオオカミ1匹の力、オオカミ1匹の力は群れの力〟

*ジャングル・ブック：ラドヤード・キップリング著。オオカミに育てられた少年の物語。刊行は1894年。のちにディズニーが映画化。

オオカミの群れへの呼びかけ

自分を信じよう。
立ちあがって発言しよう。
ボールを要求しよう。
仕事を要求しよう。
隣の男性と同じ給料を要求しよう。
昇進させろ。
マイクを寄こせ。
大統領の座を寄こせ。
当然の敬意を示せ。

SEVEN

すべてを
さらけだす

古いルール
〝支配〟で導き、追随者をつくる

新しいルール
〝人間性〟で導き、リーダーを育てる

SONY
FIFA.com
FIFA
21
ZONE 1+2
SUNDHAGE
Pia Mariane
Member
Association USA
1 2 3

ピア・スンドハーゲ

ピア・スンドハーゲ*がアメリカ代表チームの監督に就任したとき、わたしたちは世界一大きく、健康で、強く、肉体的に優《すぐ》れたチームだった。力で威嚇《いかく》するだけで勝っていた。それでいいと思っていた。試合が終わったときの点数だけが重要だった。それでじゅうぶんだった。

なのに、最初の顔あわせのとき、ピアは言った。

――あなたたちは世界一。でも、まだ能力が眠っている。これまでは試合に勝

*ピア・スンドハーゲ：スウェーデン出身。元サッカー選手。2008～2012年までアメリカ代表チーム監督。ワールドカップで1回、オリンピックで2回優勝。

てることを証明してきたけれど、次に取り組んでほしいのは勝ち方です。勝ちつづけてほしいとは思うけど、自分にも、チームメートにも、対戦相手にも、試合にも敬意を示して勝ってほしい。肉体で優位に立つだけでなく、創造と革新と揺るぎない自信で勝つ。美しく勝ってほしいのです。

そのあとピアはギターを手にして、ボブ・ディランの『時代は変る』をうたいはじめた。

わたしたちはすわったまま唖然《あぜん》としていた。そして、このスウェーデン人監督を見つめてこう思った。〝このひとは、なんにもわかっていない。わたしたちは騙《だま》されたんだ〟

メンバーの多くはこれまで、弱々しいリーダーなど見たことがなかった。そんなことが許されるなんて思ってもいなかった。だから、このひとはリーダーシップに欠けていると感じたのだ。でも、ピアがうたうのを聴いているうちに、少々気づまりながらも興味が湧いてきた。まもなく感動も。自分のなかの何かが目覚めたのを感じた。絆ができたように感じた。

ピアがうたったのは、音楽が大好きだからだ。自分がどんな人間であるのか、どんなことが好きなのかを見せることで、本物のリーダーは自らを知っていて、そのすべてを自分が率いる相手にさらけだすことを示したのだ。本物のリーダーは、いかにもリーダー風な外見や言葉や行動をよそおったりしない。人間の数だけ導き方があることを知っているから。

いまのわたしには、ピアが急にうたいだしたのは、リーダーシップについて、そしてこれからリーダーになる人物について、チームが思い描いていた姿を考え直させるのに必要なきっかけだったからだとわかる。

ピアがくるまで、わたしたちは昔ながらのトップダウン式の指揮系統に従っていた。知恵や指示やアイデアはみな、監督やキャプテンが決定して伝え、質問や意見が出されることのないまま、チームによって即座に実行された。ピアがくるまで、チームは少数のリーダーと数十人の追随者《ついずいしゃ》から成っていた。

だが、ピアが監督に就任すると、チームの指揮系統はゆっくり解体され、つくり直された。ピッチ外での共同キャプテンとしてのわたしの役割は、全員に意見を伝えるのではなく、全員から意見を引きだすことに変わった。

選手たちはミーティングで安心して意見や考えを発言する勇気がもてるようになった。ピッチでは、互いに教えあうようになった。

新人のアレックス・モーガン＊がわたしに指示を出すようになった。

ベテランが新人から学び、先発メンバーが控えの選手から学ぶようになった。

キャプテンがフィジカルトレーナーやコンディショニングコーチから学ぶようになった。

選手からスタッフまで全員が、自分をリーダーだと思いはじめたのだ。

この新しい方法は、いつも気楽なわけでは決してなかった。新人には勇気がいるし、わたしのように耳を貸すより意見を言うほうに慣れている人間には謙虚さが必要だった。だが、わたしたちにはピアというお手本がいた。

この新しい方法は、たんなる理論ではなかった。ピアが、勇気をもて、謙虚になれ、自分をさらけ出せと口で言うだけだったら、わたしたちはそれを実現

＊アレックス・モーガン：2010年より代表チーム入り。翌年、チーム最年少選手としてワールドカップ準優勝に貢献。

できなかっただろう。リーダーとして、ピアはいつだって、わたしたちにやって見せた。

古い方法では、リーダーは弱みを見せずに統率《とうそつ》して、追随者を引きつける。

だが新しい方法では、リーダーは人間性をすべてさらけだして、全員がリーダーになるよう育てるのだ。

オオカミの群れへの呼びかけ

パワーを手に入れ、自分のすべてを出しきろう。
ほかの人々も同じようにできるよう道を拓こう。
家族や企業や世界に必要なのは、等身大のわたしたちだ。

EIGHT

自分の群れを見つける

古いルール
ひとりで歩く

新しいルール
仲間と歩む

前列左がアビー。
2015年 FIFA 女子ワールドカップで優勝したとき

現役引退後3年間、わたしは身体をいじめるような運動をまったくしなかった。その後ようやく、また身体を動かしてもいいころだと感じはじめ、友人のメルとランニングに挑戦することにした。毎日走り、その距離を報告しあおう、と。

わたしは30年間も厳しいトレーニングを積んできた身だ。そんな挑戦はケーキを食べるくらい簡単で、実際、これで引退後に食べてきたケーキが燃焼できるとばかり思っていた。

ところが、そう甘くはなかった。甘くないどころか、とんでもなくつらかった。まるで足に鉛《なまり》をつけているようだった。一度も走ったことのない人間みたいに。わたしは息を切らしながら〝つらい。つらい。止まるな。止まるな〟と唱《とな》えつづけ、ようやく何とか走りつづけた。

グレノンにぼやいたのは、そんな日々のある夜のことだった。「ねえ、これまでだって走るのは好きじゃなかったけど、こんなに嫌いじゃなかった。なのにどうして、急に無理だと思うようになったんだろう？　プロのアスリートだったのに！　1日6時間練習していたのに！　3年で運動神経がすっかり鈍《にぶ》ってしまったのかな」

グレノンの答えはこうだった。「運動神経が鈍ったわけじゃないわ。以前とちがうのは、いっしょに走ってくれるチームメートがいないこと。これまでは、いつも仲間と走っていたのに、いまはオオカミ1匹で走っているからよ」

そのとおりだった。わたしはずっとともに苦しみ、励ましてくれたり、笑わせてくれたり、いやなことを忘れさせたりしてくれるチームメートに囲まれていた。苦しいこともあったけれど、分かちあったから減ったのだ。

人生は一匹オオカミには過酷《かこく》だ。人間には仲間が必要なのだ。


バーナード大学がネットで公開*したことで、オオカミの群れについて話したわたしの祝辞は一気に広まった。

わたしがずっと憧れていた女性たち――世界的なリーダーや、著名人や、アスリートや、活動家たちが、わたしの言葉を紹介してくれた。ほかにもたくさんの人が会社や学校で、友人やクラスメートに話してくれた。子どもがいる人々が、わたしの話をもとにオオカミの絵を描《か》いて、娘の寝室の壁に飾ってくれたりもした。

なによりも感動したのは、祝辞がとても大きく広がった以上に、とても深く受け入れられたことだった。

わたしは、ある女性からもらったメッセージを大切に残している。そしてい

*ネットで公開：このときの動画は、abbywambach.comなどで見られる。

まも、何か問題が起こって忘れそうになるたびに読み返している。それはこんなメッセージだ。

アビー、あなたが祝辞を述べているのを目にしたとき、わたしは、ずっと心にいだきながら言葉にできなかった思いをあなたが口にしてくれたと感じました。

わたしは、古いおとぎ話を娘に読んできかせるのをやめました。いまベッドできかせているのは、あなたのスピーチです。自分がどんな人間であり、どんな人間になれるのか、娘たちには新しいメッセージとして、あなたのスピーチを信じてもらいたいと思っています。娘たちには、自分はオオカミなのだ、自分の群れをつくれるのだと信じてもらいたいのです。

正直に言えば、わたしもそう信じたい。わたしは生まれてからずっと、ひとりでした。教室で唯一の女性、会議で唯一の女性で、誰の助けもなく娘たちを育ててきました。

女でいることは、とても孤独です。わたしたちは小さな場所に閉じこめられ、互いに隔《へだ》てられています。男性には、昔ながらの男だけのクラブがあります。女性にもそれが必要です。わたしもオオカミの群れが欲しいと思っているのです。

母親であれ、大学生であれ、企業のCEOであれ、小さな女の子であれ、支えとなってくれる勇敢で誠実な女性の仲間が必要だ。あなたの能力をぞんぶんに発揮させ、どんな人間かを思い出させ、あなたとともに世界を変えてくれる存在が必要なのだ。

そう、あなたには群れが必要だ。

問題は、どうやって群れを築くか？ だ。

わたしのこれまでの経験から言えるのは、何か新しいことをはじめるときは、何をすべきなのかも、どうやってはじめるべきなのかもわからなかったり、ぎこちなくて不安だったりするけれど、とにかくまえに進みでて、やってみるしかないということだ。

わたしもそうするつもりだ——誰よりも尊敬し、憧れ、信頼している女性たちと手をつなぐ。そして、必要なときには彼女たちを支え、自分も必要なときには助けを求める。

1匹のオオカミの力と、群れの強さを知ったあなたは、もうわたしたちの仲間だ。

いっしょに人生を、世のなかを、変えていこう。

オオカミの群れへの呼びかけ

人生は一匹狼では生きていけない。
わたしたちはみな、群れが必要だ。

ゲームを変えるとき

大学とプロとアメリカ代表チームで17年間を過ごした現役最後の試合の夜、わたしは人生の多くの時間を捧げたサッカーに、人生の多くの時間を捧げてくれた選手たちとチームとファンに、お別れのメッセージを贈ることにした。最後のメッセージは〝わたしを忘れてください〟だ。

引退した夜、テレビである映像が流れた。そのなかで、わたしは金属の椅子にすわってロッカーを空にしながら、残していくものについて考えている。画面には、ゴールを決める少女たちや、ダッシュする若い女性たちや、わたしのユニフォームを着る若い男の子の姿も映しだされた。

その映像に重ねて、わたしはこう伝えた。


わたしのことは忘れてください。わたしの背番号も忘れてください。名前も忘れてください。わたしがいたことも忘れてください。

勝ち取ったメダルも、破った記録も、はらった犠牲も忘れてください。

わたしは、ボールがまえに転がりつづける場所に財産を遺《のこ》していきたい。

次世代がすばらしい偉業を達成し、わたしのことなど忘れてしまう場所に。

だから――わたしのことは忘れてください。わたしが忘れられた日は、わたしたちが成功した日になるのですから。*


わたしの夢は、人生を捧げてきたサッカーの未来が輝くよう財産を遺すことだった。わたしにとっては夢でしかなかったことを、少女たちに実現してほしかった。

＊この映像はYouTubeで見られる。abbywambach forget me などで検索を。

1年後、わたしは10歳の娘が所属するサッカーチームの監督をつとめた。それどころか、大会で優勝させた。子どもたちを中心にすえることに力を注いでいたので自分の経歴はあまり話していなかったが、彼女たちが元オリンピック選手に指導されていると知っていることを、密《ひそ》かに喜んでいた。

ところがシーズン終盤のある日、ウォーミングアップをさせながら、現役引退について話していると、ひとりの選手がわたしの顔を見てこう言ったのだ。

「何から引退したんですか?」

一瞬、この子は冗談を言っているのだろうかと思ったが、そうではなかった。わたしは彼女を見て言った。「ええっと、サッカーだけど」

「へえ。どこでやってたの?」

わたしは目を見開いて答えた。「ア、メ、リ、カ、代表チームで」

「わあ、かっこいい! じゃあ、アレックス・モーガンと知りあいってこと!?」

わたしはすっかり忘れられていた。願いごとをするときは慎重に。

でも、まじめな話をすれば、ほかのひとが自分のことを知らなくても別にかまわなかった。

わたしが死ぬほど恐ろしかったのは、引退後に自分が誰だかわからなくなることだった。

最後にユニフォームを脱いだときに、わたしは5歳のときから誇りだった〝サッカー選手アビー・ワンバック〟というアイデンティティを失ってしまった。サッカーを失ったわたしは、いったい何者なんだろう？

そこである夜「引退したら、自分を見失いそうで怖い」とグレノンに打ちあけた。すると翌日、グレノンは手紙をくれた。

アビー、あなたが特別な存在なのは、サッカーで才能を発揮するからではないわよ。

あなたと会ったひとは、あなたはどこかちがうひとだと気づくはず。

あなたのふるまい方や、ひとに対する接し方。激しさもありながら気高いところ。女性に押しつけられている人工的な美しさとは対照的な、とても個性的な美しさ。立ち方、走り方、話し方、そのすべてが特別な存在なの。

それに、髪型のせいも少しあるわね。

あなたは輝かしい現代の反逆者。あなたが放《はな》ってくれたものは、社会のせいで消されていた、わたしたちの胸の奥の火をふたたび燃やしてくれた。

アビー、わたしは魔法がピッチにあったとは思わない。魔法はあなたのなかにある。きっと死ぬまで、あなたのなかにありつづけるわ。

アビー、サッカーがあなたを特別な存在にしたわけではない――明らかに、あなたがサッカーを特別にしたの。あなたは何も失ってなんかいない。あなたは何も変わらない。

サッカーは、わたしたちをあなたに会わせてくれた。わたしたちは、これからもあなたについていく。わたしのアビー、あなたがサッカー選手だからではなく、あなたが、あなただから。

グレノンの言うとおりだった。わたしはいまも同じアビーのままだ。いままでもまえに進みでて、新しい群れのために１００％の力を発揮し、次世代のためによりよい未来を築こうと戦っている。

サッカーがわたしをつくったわけではない。わたしはあるがままの自分をサッカーで出したし、この先どこへ行こうと、あるがままの自分でいる。

あなたもそうだろう。

「いったい何をしたいのだろう？」と自分に問いかけるだけではだめだ。「自分はどんなひとになりたいのだろう？」と問いかけるのだ。

あなたがいましていることが、あなたという人間を決めるわけではない。いつだって、どういう人間かが、あなたを決めるのだ。

わたしたちはオオカミだ。

魔法はあなた自身のなかにある。

力はわたしたちにある。

その力を解き放って団結しよう。

そして、ともに谷に嵐を起こし、ゲームを永遠に変えよう。

新しいルール

1 道は自分で切り拓く
2 いまあるものに感謝しつつ、自分にふさわしいものも求める
3 いますぐ、どんな立場でも、リーダーシップを発揮する
4 失敗した、勝負はここから
5 互いのために戦う
6 自分を信じてボールを要求する
7 〝人間性〟で導き、リーダーを育てる
8 仲間と歩む

FIFA

【写真・画像クレジット】
p1, p111：Alamy/PPS 通信社
p8-9：Alamy/PPS 通信社
p26：Alamy/PPS 通信社
p36：AFP＝時事
p46：Alamy/PPS 通信社
p58：Alamy/PPS 通信社
p68：Alamy/PPS 通信社
p76：Axelle/ゲッティイメージズ
p86：Alamy/PPS 通信社
p94：EPA＝時事
p109Alamy/PPS 通信社

わたしはオオカミ
仲間と手をつなぎ、やりたいことをやり、なりたい自分になる

2020年 7 月 9 日　初版第 1 刷発行

著者
アビー・ワンバック
訳者
寺《てら》尾《お》まち子《こ》
編集協力
藤井久美子
装幀
Y&y
印刷
萩原印刷株式会社
発行所
有限会社 海と月社
〒180-0003　東京都武蔵野市吉祥寺南町2-25-14-105
電話0422-26-9031　FAX0422-26-9032
http://www.umitotsuki.co.jp

定価はカバーに表示してあります。
乱丁本・落丁本はお取り替えいたします。

ISBN978-4-903212-70-8